Lg j
1748

NOTES

SUR LES ANTIQUITÉS GAULOISES

DE

CAUDEBEC-EN-CAUX

Par M. le Docteur ERNEST GUÉROULT

Membre de la Société Havraise d'Études Diverses,
des Antiquaires de Normandie,
et de la Commission des Antiquités de la Seine-Inférieure, etc.

HAVRE

IMPRIMERIE LEPELLETIER

1875

[illegible]ve.

NOTES

SUR LES ANTIQUITÉS GAULOISES

DE

CAUDEBEC-EN-CAUX

I.

LE CALIDU ET SES ENVIRONS

Dans un précédent opuscule (1), j'ai décrit sommairement un vaste établissement gaulois, situé à l'ouest de la ville de Caudebec-en-Caux, qu'il domine.

C'est le mont *Calidu. (Pl. II, Fig. 1).* La partie encore boisée, la seule, objet de mes incessantes recherches, contient environ 371 hectares (654 acres), dont une enceinte retranchée de 1 à 5 mètres de hauteur au moins, affectant une configuration semi-elliptique, cerne 25 à 26 hectares, 44 à 45 acres à peu près.

J'espère avoir accumulé des arguments surabondants pour référer au Calidu l'emplacement de l'oppidum *Calete* (2), métropole des Calètes, lors de leur indépendance, avant la conquête de Jules César.

Le Calidu répond à toutes les exigences d'une forteresse celtique d'ordre majeur; sa position exceptionnellement remarquable sur un point culminant, au milieu d'une forêt, dont un grand fleuve, la Seine, et des marécages (2 bis) baignent le pied, la forme, l'importance de sa

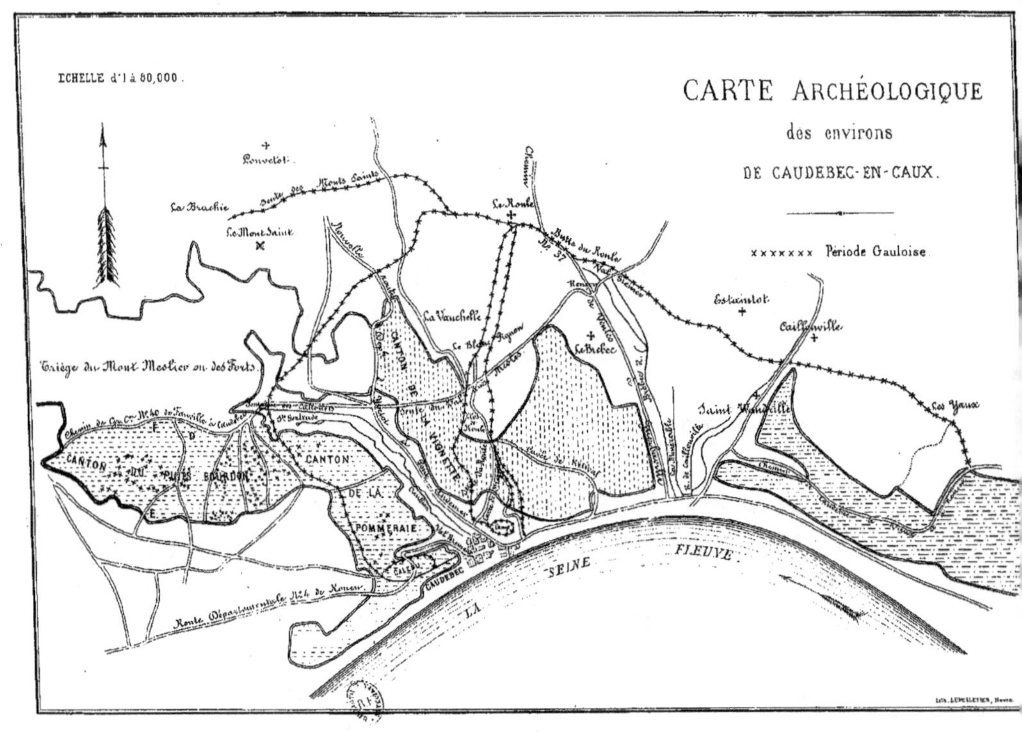
ECHELLE d'1 à 80,000.
CARTE ARCHÉOLOGIQUE
des environs
DE CAUDEBEC-EN-CAUX.
xxxxxxx Période Gauloise
Rouvelot
La Brachie
Sente des Monts Saints
Le Mont Saint
Chemin
La Roule
Botte du Roule
Estaintot
Caillouville
La Vauchelle
Le Blanc Mignon
Lebebec
Triège du Mont Meolier ou des Forts
Saint Wandrille
Les Yeux
Chemin de Gre Cre N° 40 de Jauville à Caudebec
St Gertrude
CANTON DU PUITS EPIRODON
CANTON DE LA POMMERAIE
CAUDEBEC
LA SEINE
FLEUVE
Route Départementale N° 4 de Rouen
Lith. LEPELLETIER, Havre.

NOTES

SUR LES ANTIQUITÉS GAULOISES

DE

CAUDEBEC-EN-CAUX

I.

LE CALIDU ET SES ENVIRONS

Dans un précédent opuscule (1), j'ai décrit sommairement un vaste établissement gaulois, situé à l'ouest de la ville de Caudebec-en-Caux, qu'il domine.

C'est le mont *Calidu. (Pl. II, Fig. 1)*. La partie encore boisée, la seule, objet de mes incessantes recherches, contient environ 371 hectares.(654 acres), dont une enceinte retranchée de 1 à 5 mètres de hauteur au moins, affectant une configuration semi-elliptique, cerne 25 à 26 hectares, 44 à 45 acres à peu près.

J'espère avoir accumulé des arguments surabondants pour référer au Calidu l'emplacement de l'oppidum *Calete* (2), métropole des Calètes, lors de leur indépendance, avant la conquête de Jules César.

Le Calidu répond à toutes les exigences d'une forteresse celtique d'ordre majeur; sa position exceptionnellement remarquable sur un point culminant, au milieu d'une forêt, dont un grand fleuve, la Seine, et des marécages (2 bis) baignent le pied, la forme, l'importance de sa castramétation ; son entourage de vestiges (3), de souvenirs gaulois ; les traditions (4) et légendes invétérées qui s'y rattachent; les fosses (5) *(tuguria)* qu'il conserve ; les épaves gallo-romaines et celtiques émanées de son aire, et, parmi celles-ci, particulièrement, les quinaires (6) à l'épigraphe CALEDV homonyme, synonyme de CALIDV, berceau très probable de leur émission ; de plus, l'ancienne voie des *Callouets* (7) ou du *Roule*, que j'ai dépistée, reliant, en passant par les diverses stations gauloises (8) de notre contrée, le *Calidu* à Rouen, chef-lieu des *Véliocasses* : tel se groupe le faisceau de preuves militant puissamment à l'appui de mes convictions. En conséquence, je me crois autorisé à soutenir : le *Calidu (Caledv)* est bien réellement l'ancienne *Calete*, *Caletv*, (8 bis) *Caletus*, *Caletum*, ensevelie dans l'oubli des temps, et les représentations monétaires CALEDV, portant encore aujourd'hui la même appellation que CALIDU, en ont perpétué la mémoire. Le Calidu est incontestablement le Caudebec des Celtes.

J'ai à cœur de revendiquer la localisation au Calidu de la capitale des Calètes et la classification de ses médailles ; leur patrie était délaissée, aléatoire. Les historiographes la faisaient voyager, à Lillebonne, à Dieppe, à Calais, à Harfleur et partant de l'axiome : là où une population a stablement séjourné, on doit déceler son lieu de sépulture, sa nécropole, je me suis, depuis des années, évertué à découvrir le champ funéraire des Calètes-Cauchois, nos ancêtres.

Si mes efforts, dans ce but, sont jusqu'alors restés infructueux, ils auront du moins ouvert l'issue aux nouvelles trouvailles suivantes :

...... En la forêt domaniale de Maulévrier, sur le territoire de la commune de Saint-Arnoult, au triège nommé LE PUITS BOURDON, six mamelons : A, B, C, D, E, F, *(Pl. I)*, me paraissent dignes de fixer l'attention du

PLAN DE L'ENCEINTE RETRANCHÉE DU CALIDU.

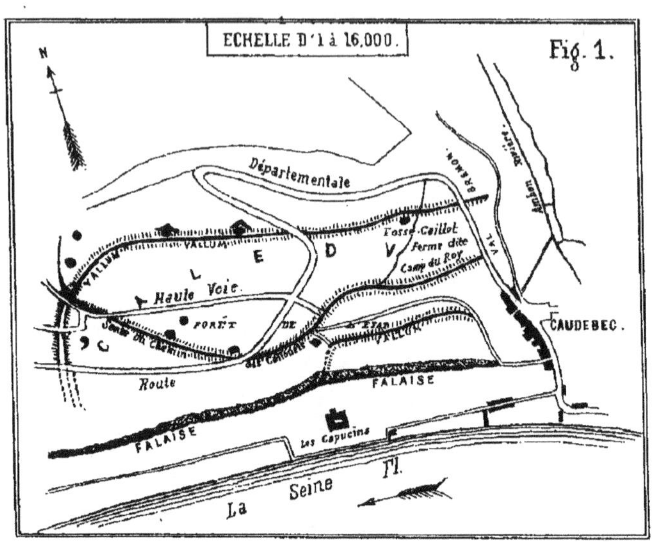

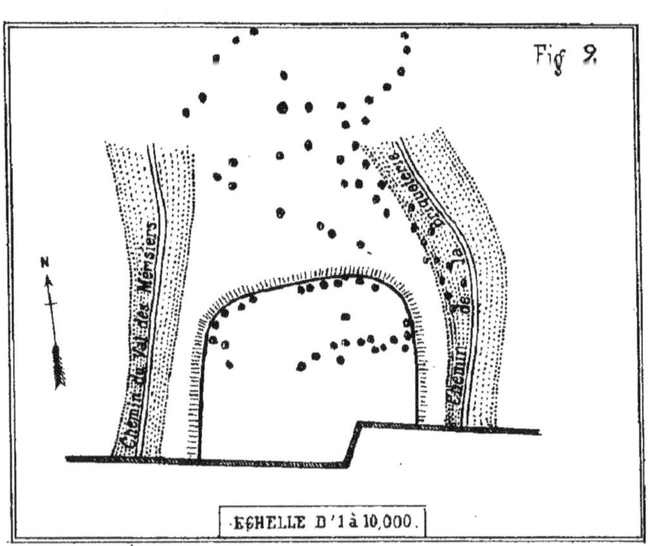

PLAN DU MAMELON A AU CANTON
DU PUITS BOURDON

monde scientifique. Le premier A *(Pl. II, Fig. 2)*, semé de pins, se dirige en longueur du sud-ouest au nord-est. Il contient une superficie de 24 hectares.

Ses délimitations sont : au septentrion, la route innommée passant devant la maison Forestière de Sainte-Gertrude ; au midi, le périmètre de la forêt, du côté des terres arables de Saint-Arnoult ; au levant, le chemin de la *Briqueterie* ; au couchant celui du *Val des Merisiers*.

Ces deux routes découpent presque symétriquement le mamelon A.

Son centre est distant, à vol d'oiseau, de 2,400 mètres du *Castrum* CALEDV au sud, et de 900 mètres de l'église de Sainte-Gertrude, laquelle s'aperçoit au nord longée, à droite, par le sentier *des Callouets, Caillouets* ou *du Roule*, et, à gauche, par la station : *Le Cailloir*.

Dans un site des plus pittoresques, d'où se déroule une perspective attrayante, le plateau de la colline A est couronné, à son extrémité sud, par un *vallum* demi-ovalaire, en terre, de 0,80 centimètres à 1 mètre d'élévation et renfermant 6 hectares, 24 ares. On y rencontre 4 rangées de tertres oblongs, munis chacun d'une excavation parallèle à leur longueur.

Les trois premières rangées nombrent 18 à 20 éminences fossoyées ; la quatrième se compose de 11 autres formant la courbure du *vallum*. Une centaine de mottes semblables se compte, en dehors du retranchement, sur le sommet du coteau, et sur ses versants, principalement sur celui de l'est.

Les tertres énoncés, à orientation variable, s'ajustant plus généralement à celle du plan de la colline, accusent 3 à 5 mètres en longueur, 1 mètre 50 en largeur et 1 mètre de hauteur, en moyenne.

Sur les cinq monticules contigus, qui nous occupent, il existe une quantité de petites buttes similaires, à cavité, soit isolées, soit agglomérées ; plusieurs grandes fosses infundibulées; des barrages, des postes avancés de défense, des traces de circonvallations plus ou moins régulières et circonscrites, des lignes stratégiques, etc.(9). Cet agencement singulier d'ouvrages entièrement en terre et de main d'homme s'accommode partout aux moindres accidents utilisés du terrain.

A quelle période convient-il de reporter les travaux observés ?

Les chroniqueurs qui, avant l'ère chrétienne (10), ont traité de la Gaule, connaissaient à peine la géographie du pays et les mœurs des habitants : ils en parlent peu et fautivement, parfois ; l'on ne saurait accorder qu'une confiance très médiocre à leurs renseignements. L'absence ou l'extrême rareté de monuments analogues, comparatifs, laissent l'archéologue livré à ses inspirations, à ses appréciations personnelles, et exposé à l'erreur.

A mon sentiment, les ouvrages du *Calidu* et du canton du *Puits Bourdon* remontent *aux âges les plus reculés :* Une étude spéciale, jusqu'à ce moment négligée, de l'antiquité, l'exploration (11) sérieusement pratiquée du sol pourraient *seules* projeter la lumière indispensable pour interpréter le système et la destination des travaux dont je viens de donner l'aperçu.

II.

NOTES

(1) In-8° accompagné d'une carte archéologique coloriée, figurant les divers monuments en terre : les stations, campements; les anciennes chapelles, etc., de Caudebec-en-Caux.

(Lectures à la Sorbonne en Avril 1866. Imp. Impér. 1867. Paris).

(2) Deux hagyographes, heureusement pour la science, ont fait revivre dans leurs écrits l'antique *Calete*, et confirmé son existence niée, faute de matériaux probants, par la plupart des annalistes : la situation de *Calete*, ville-mère, capitale des Caletes, n'avait pu jusqu'à ce jour être précisée.

Le *majus chronicon fontanellense*, déposé à la bibliothèque du Havre, s'exprime ainsi, pages 179 et 180 :

« ......*ipsum castrum* CALETUS *antea vocabatur*......» Le précieux manuscrit sur velin, petit in-folio, relié en parchemin, de 300 feuilles, réunit les documents épars rédigés du IX° au XVII° siècles inclusivement et recueillis en un chartrier, par D. Augustin de Broise, moine de la congrégation de St-Maur (1630).

Notre savant collègue de la Société Havraise d'Études Diverses, M. C. Rœssler, a donné en 1867 une bonne analyse du *majus chronicon fontanellense* en question,(*Moniteur de l'Archéologie,* Avril 1867).

Orderic Vital, historien du XII° siècle, (Histoire ecclésiastique pars 3, tome V, page 385) rapporte :

« ..... *hanc urbem quœ* CALETUS *dicta est, ut in antiquis legitur gestis.....*» Voyez aussi tome II, livre V, pages 314-315 de la traduction trop peu lue, éditée en 1826 par M. Guizot.

(2 *bis*) Les marais de Caudebec et le val *Braymont*, val à étymologie essentiellement gauloise, (*brai, bray,* boue, fange, limon).

La sente du val *Braymont* contourne le N. O. de la ferme *Camp du roi.*

(3) Tumuli, grandes mottes gazonnées ; pierre levée, (*menhir*)?; mares pavées, fontaines consacrées, intermittentes, etc., etc.

(4) La croyance populaire accréditée veut qu'il y ait eu, au Calidu, des rois qui y ont battu monnaie.

(5) Plusieurs sont très caractérisées. L'une d'entre elles, assise en dedans de la grande circonvallation, à quelques mètres de la *ferme Camp du roi*, a gardé sa dénomination primordiale : la fosse *Caillot* : sa circonférence = 87 mètres, sa profondeur = 4 mètres. D'après Dom. Duplessis, (description géographique et historique de la Haute-Normandie, t. 1, p. 2) Caletes, Caillettes, Caillots, plus tard Cauchois, dérivent du mot Celtique *Calt* ou *Kelt* qui s'est conservé dans les langues teutoniques pour signifier *froid*.

A *Calt*, *Kald* et à *bec* ruisseau, se sont succédé *Calidumbeccum*, *Caletum-beccum*, *Chald-bec*, Caudebec.

(6) Non en *or*, comme on me l'a fait dire, par erreur d'impression, dans ma première brochure, (*loc. cit.*) mais en *argent*.

J'affirme qu'irrécusablement *quelques* pièces du *numéraire de l'espèce* ont été ramassées au Calidu *même*, qui n'a jamais subi de fouille. On a recueilli également sur le Calidu des monnaies appartenant à différentes peuplades, attestation évidente que c'était un centre important et fréquenté.

Le résumé succinct, auquel je me borne présentement, interdit des détails circonstanciés ; je me propose d'aborder ultérieurement cet intéressant sujet, dans un article à part, et de terminer la tâche que je me suis imposée par l'exposé du sort de Calidu depuis le ve siècle jusqu'au millésime actuel.

(7) Le chemin des Callouets ou du Roule, inscrit aux cartes locales et que je vais être le *premier* à définir, naît, à l'Ouest de Caudebec, au faubourg du Havre, avec la majestueuse cavée, qui, autrefois portait son appellation *des Callouets*, et maintenant est dite *courte côte*. Il s'y engage, la gravit, en laissant au Nord un rameau que je regarde comme *la clef* de la forteresse, arrive sur la route départementale n° 4, qu'il traverse, et rencontre à quelques pas à droite, un vieux chemin dissimulé par les bois qu'il monte afin d'accéder sur le plateau d'un sol bouleversé, jonché de fosses coniques, au S. O. de la

Haute-Voie. En cet endroit, le chemin des Callouets, réduit à une sente trop souvent interrompue, dont je suis parvenu avec peine à renouer les tronçons, profite de l'ouverture pratiquée pour le passage de la *Haute Voie*, vers St-Gilles, descend rapidement en dehors, à proximité de la circonvallation gauloise, et gagne le triège de la *Pommeraie.*

Elle dévale ensuite, en se ravinant profondément et tortueusement, à Ste-Gertrude, franchit proche des fontaines consacrées des *Quatre-Hêtres* et *des Callouets*, à gué la rivière, derrière l'abside de l'Église, gravit, accompagnée d'enfoncements en cône, la forêt et se poursuit à l'église de Maulévrier, au pied de la butte réputée Gallo-Romaine du *Castel.*

Dans son parcours abrupt entre les deux paroisses précitées, l'ancienne voie subsiste dans son intégrité primitive, conserve ses ondulations, sa largeur de 1 mètre 5 centimètres à 1 mètre 10, son encaissement, par places, de 1 à 2 mètres de profondeur, ses lisières garnies de *buis* et ses aires de *tuguria.*

A partir de la motte fossoyée du Castel de Maulévrier, où nous l'avons laissé, notre sentier se continue dans les terres de labour de la ferme du Panage, à fort peu de distance de la mare *Cauchoise*, et du *tumulus* de la *Corne* ou *Rouage* ; il décline au *Roule*, monte les bois d'Estaintot, descend à CAILLOUVILLE, passe non loin de la fontaine vénérée de ce nom, la rivière de Fontenelle, à son origine, grimpe aux Yaux, aux *Caillettes*, territoire où il se perd dans la route de Caudebec aux *Vieux* et à *Rouen.*

La voie *suivie* des Callouets que j'ai essayé de reconstituer, en comblant les lacunes et traçant au moins sa direction sur beaucoup des points exactement, s'adapte partout aux aspérités du terrain.

(8) Caudebec (CALEDU) ; St-Arnoult ; Ste-Gertrude ; Maulévrier — La Corne ou Rouage ; Rançon — Le Roule ; St-Wandrille — Estaintot ; Caillouville ; Les Yaux, Les Caillettes ; Les Vieux ; Rouen — *(Ratumacos).*

(8 *bis*) Les permutations réciproques de D en T, de I en E et en U ou II sont usuelles : CALEDU, CALETV, CALIDV, CALIIDV s'identifient.

(9) J'ajouterai que sur les déclivités Est, Ouest et Nord, les

buttes cotoyant les voies de communication affectent une disposition spécialement organisée pour surveiller, protéger les travaux mentionnés et les abords des routes conduisant à la vallée de Ste-Gertrude.

Les tertres, tournés du côté de l'accès des chemins, abritent leurs excavations placées en arrière.

(10) *Polybe*, Historien grec assez exact (206 avant J.-C.).

Vitruve, Architecte romain du 1er siècle avant notre ère.

Strabon, Géographe grec (50 ans avant J.-C.), procure des généralités d'une certaine valeur sur la Gaule, et quelques détails sur les Cauchois.

Diodore de Sicile, Tite-Live, Denys d'Halicarnasse, etc, ont aussi traité des Celtes, mais de tous les écrivains antérieurs à l'avènement de N. S. J.-C., Jules César est le plus véridique et explicite. Voyez ses *Commentaires : De bello Gallico*. lib. 6.

(11) Trois mottes, avec leur excavation, interrogées sous ma surveillance, par une fouille minutieuse, à deux mètres de profondeur, ont répondu négativement à mon attente. Les terrassements argileux, sablonneux n'ont absolument rien révélé. — Il importe de réitérer les investigations.

III.

DESCRIPTION DES OBJETS RECUEILLIS

Forêt de Brotonne, *au Landin*. — Idoles-fétiches rencontrées, en 1868, par le carrier Urbain, dans la forêt de Brotonne, au Landin, triège dépendant de La Mailleraye, canton de Caudebec.

Ces divinités, d'un travail rudimentaire, sont en agglomérat quartzeux, très dur. — Meule en poudingue complète. — Une pointe de flèche en silex noir. — Une autre en silex blanc.

Vatteville. — Vatteville, commune du canton de Caudebec-en-Caux, située sur la rive gauche de la Seine, est bien moins fertile en antiquités gauloises qu'en vestiges romains. Cependant, au hameau de *La Neuville*, section du *Roule*, vers 1850, on a trouvé sur un promontoire arrrondi, muni à l'entour d'une excavation d'un demi mètre à un mètre, nombre de monnaies celtiques en billon, tellement oxydées qu'il a été impossible d'en déterminer l'attribution. — Une chaudière et chandelier en airain : la marmite était renversée sur le porte-lampe.

Anquetierville (commune du canton de Caudebec-en-Caux). — Hachette en serpentine, polie ; patine blanche ; ovoïde ; tranches latérales aplaties. Traces de polypiers et taches de rouille.

Longueur : 17 centimètres, sur 7 centimètres de largeur à la base, 5 1/2 au milieu ; épaisseur 3 centimètres.

Elle a été ramassée sur la ferme de *Claville*, dépendant d'Anquetierville, par le domestique Picot.

Hachette en silex polie, fracturée longitudinalement. — Pointe d'un instrument en silex poli ; arêtes lisses et aplanies. — Tête de flèche en fer, recueillie dans les terres de M. J. Palier, propriétaire.

Le Calidu. — Fer à cheval de forme allongée et rétrécie ; point de traces de clous. — Fragment de pavé grossièrement pointillé.

Deuxième fer à cheval plus arrondi. Absence de vestiges de clous.—Meule à broyer fragmentée, d'une hauteur peu ordinaire.

Hache en bronze sortie du Calidu en 1831 ; Hache en fer ou houe.

Sabre en fer, coupé ou cassé au quart environ.

Corps. tronqué d'une statuette en fer.

Pl. III, fig.2 , quinaire en *argent* à la légende: ...Ledv (Caledv), appellation de la métropole Caledv ou Calidv. — Poids 1 gramme 80 centig., diamètre 14 millim.

Pl. III, Fig. 3, demi denier en argent : Atevla, nom de chef. — Poids 1 gramme 70 centig.

Ces deux exemplaires *provenant du Calidu* et d'un type assez mauvais ne sauraient permettre une description ; j'ai dû leur adjoindre d'autres exemplaires.

Les monnaies *(Fig. 2 et 3)* données à M. Casimir Caumont par M. Lesage, de Caudebec, se remarquent actuellement dans le cabinet de feu M. Lepel-Cointet, à l'abbaye de Jumièges.

On doit les comparer aux types *Fig. 4 et 5, Pl. III.*

Pl. III, Fig. 4. Avers : Tête humaine sans barbe ; cheveux longs, enroulés derrière la nuque ; seins accentués, circonscrits d'un ponctué de globules ; collier à fermoir.

En avant du visage, fixant à *gauche,* inscription : Caledv. Figure symbolique ronde à l'occiput : ⊙ = Rouelle.

Revers : Cheval galopant à *gauche* : au-dessus du coursier, emblême de l'ω . — Poids 1 gramme 90 centig., diamètre 15 millimètres.

Outre le type Caledv, il en existe un autre : Caledv-Senodon qui indique la dénomination [de l'oppidum et du chef, roi ou reine. *(Pl. III, n° 6).*

Le type fig. 7 est moins commun. On y reconnaît les deux lettres finales ...dv.

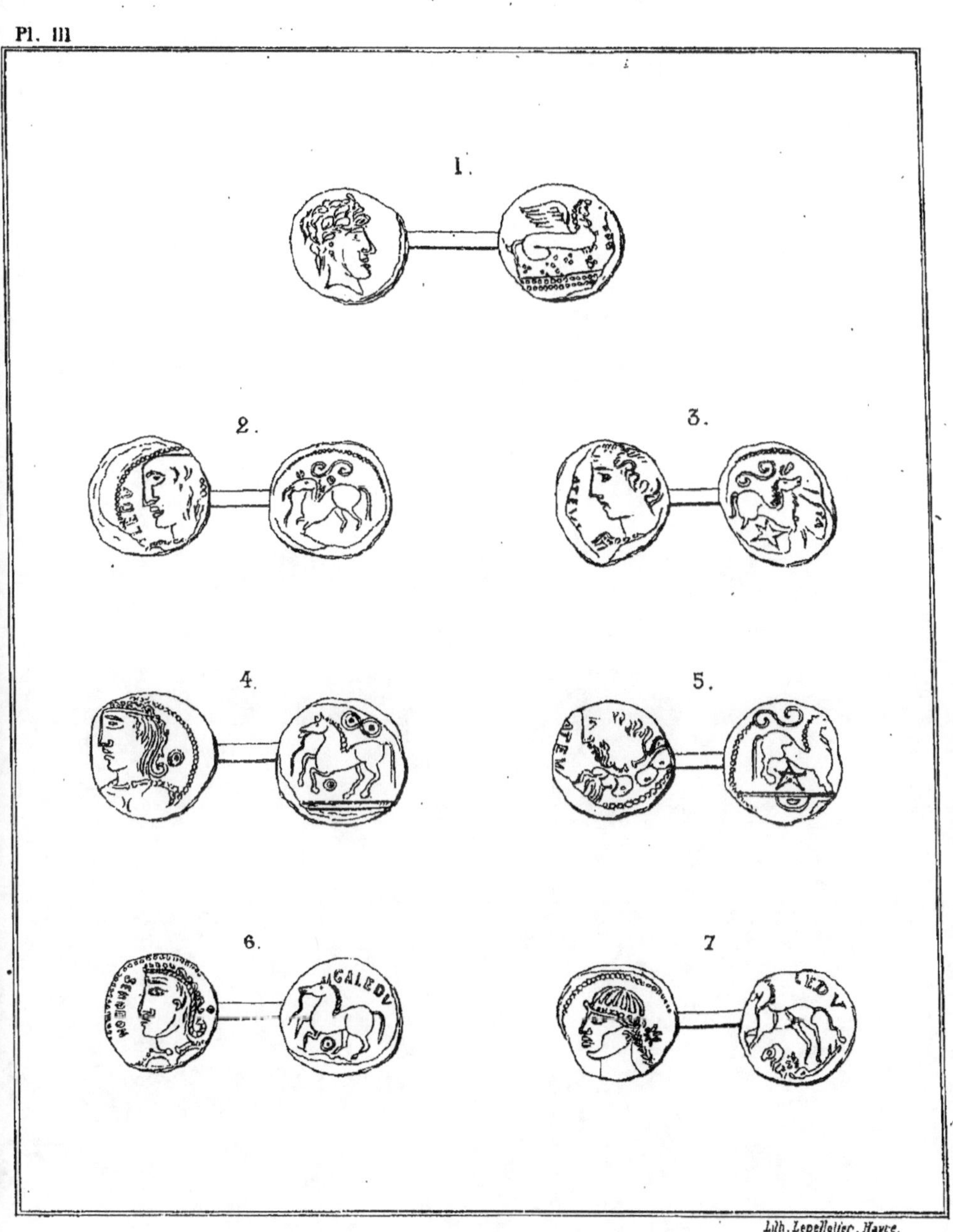

MÉDAILLES GAULOISES

N.-B. — Examiner l'*Art Gaulois*, de M. Eug. Hucher, tome Ier, pl. 44, 67, n° 1 ; id. tome IIe, p. 50, n°s 67 et 68 ; id. p. 130-131, n°s 5, 67 et 68, compulser la *Revue Numismatique*, 1855, article de M. L. Fallue, et 1869. Voyez aussi Ed. Lambert, *Mémoires de la Société des Antiquaires de Normandie*, vol. XIIIe, 2e série, pl. IXe, n°s 20, 21 et 22.

Pl. III, Fig. 3. Avers. Génie ailé ; col orné d'armilles à fermoir ; le personnage regarde à gauche.

Tête à chevelure en mèches ; seins proéminents.

Revers : Bœuf au repos, la tête levée et dirigée à droite. Symbole de l' ∞ sur le dos de l'animal ; double triangle en étoile sous le ventre ; grénetis. — Poids 2 gr. 5 centig., diamètre 15 millimètres.

N.-B. — Consulter les belles planches amplifiées de l'*Art Gaulois*, œuvre de M. Eug. Hucher, du Mans, savoir : Pl. 44, Fig. 1, ATEVLA VLATOS ; il y a deux variétés (tome Ier) Fig. id.; n° 210 (tome IIe).

En plus du numéraire CALEDV, dont le musée national de Paris montre sept échantillons et celui de Rouen cinq, sans renseignement sur la provenance, le Calidu a encore fourni plusieurs monnaies celtiques de divers peuples tels que : 1° un quart de statère en *or* des *Parisii* et des Carnutes : poids = 1 gramme 65 c. ; 2° une pièce du midi, voisine des Tectosages, argent, pesant 2 grammes, 10 c, : 3° trois petits bronzes barbares, etc., etc.

Le musée de Rouen conserve une hache en serpentine, des hachettes en bronze et « des médailles Gauloises en or, argent et bronze venant du Calidu, » où MM. Guilmeth et Fallue, citent la trouvaille d'une pièce celtique.

Voyez *La Seine-Inférieure historique et archéologique*, in-4°, 1864, page 298. — Voyez *Répertoire archéologique du département de la Seine-Inférieure*, page 486 in-4°, 1871. (M. l'abbé Cochet).

CAUDEBEC-EN-CAUX. — Quatre demi-statères en *or* des *Mediomatrices* (Metz), « *trouvés* à *Caudebec-en-Caux* » (voyez la vitrine nᵒˢ 38 et 39 de la galerie Cochet, musée des antiquités de Rouen) :

Les 4 médailles anépigraphiques sont identiques, sauf quelques modifications de coin ; point de documents sur l'époque de leur trouvaille et de leur entrée au musée.

Voici la description de l'une des pièces : (*Pl. III, Fig. 1*)

Avers : Tête humaine, nue, aux cheveux bouclés, imberbe et regardant à dextre.

Revers : Hippogriffe tourné également à droite, foulant une ramée ; estrade ; rangée de grénetis.

Poids : 1 gramme 9 décigrammes, — Diamètre 15 millimètres.

SAINT-WANDRILLE-RANÇON. — Echantillons de poteries rencontrées dans une carrière de cailloux, au mois de Juillet 1861, sur le penchant de la côte des *Caillettes*, (commune de St-Wandrille-Rançon).

Appelé trop tard pour obtenir des vases entiers, qui, suivant le dire des ouvriers, « ressemblaient à des pots à beurre » je ne pus récolter que des morceaux.

Entre les racines d'un chêne réservé par l'administration forestière, j'ai recueilli deux fonds de vases contenant des ossements incinérés. Un autre vase, imitant une cafetière à col rétréci, avait été dégagé dans son intégrité ; les terrassiers, afin de s'assurer qu'il ne recélait pas de monnaie l'ont brisé sur l'heure.

Les fragments de céramique étaient si nombreux qu'on en a rempli un banneau.

Ils offrent les particularités de la poterie celtique : d'une grossière confection, mal cuits, d'un aspect roussâtre, d'une terre graveleuse ; ils ont peu de consistance.

Voyez comme complément le compte-rendu de M. l'abbé Cochet, *Bulletin de la Société des Antiquaires de Normandie* 2ᵉ année, 2ᵉ et 3ᵉ trimestres 1861, p. 450. *Revue de la Normandie*, 1862, p. 794; id. par M. l'abbé Cochet.

Lame d'épée en fer ployée et très oxydée : la lame présente 4 centimètres de largeur sur 3 millimètres d'épaisseur. Il existait aussi à la côte des *Caillettes*, dans la même trouvaille, deux autres épées garnies de leurs fourreaux ; en essayant de les redresser les ouvriers ont détruit ces derniers et divisé les armes. — Javelot en fer, long de 13 centimètres et large de 4 centimètres.

Spiculum en fer, tombant de vétusté, à nervure saillante : longueur 27 centimètres sur 3 centimètres de largeur.

Spécimens de hachettes en pierre ramassées au plateau des *Caillettes* :

Trois haches polies des deux côtés ; quatre meules à broyer en poudingue.

Fragments de vases gaulois trouvés sur le plateau des *Caillettes*.

Les *Caillettes* consistent en terrains communaux utilisés pour le paturage et en terres arables, comprenant maintenant une superficie de 33 hectares environ, malgré l'aliénation successive de sa contenance qui embrassait un espace autrement considérable et envahissaient les forêts de St-Wandrille, du Trait, etc.

CAILLOUVILLE. — Hémisphère de meule à broyer, retirée, en 1866, du lit de la fontaine, par M. Cacheleu, directeur de la filature, lequel me l'a offert.

Au *Brébcc*, hameau de Rançon : hache en pierre polie, à patine jaune, plus aplatie que les précédentes ; angles adoucis en biseau : — Proportions ordinaires.

Une hachette du même genre a été ramassée près la filature de Rançon, par M. Beaucousin d'Yvetot.

Dans le cimetière de la paroisse de Rançon, où les sépultures d'âge en âge sont superposées, on a exhumé, entre autre autres objets, un porte-lampe en airain, similaire de celui du *Roule* à Vatteville, *(loc. cit.)*

MAULÉVRIER. — Hachette en silex noir, polie, faces

semées de taches blanches ; bords abattus bi-latéralement en biseau. Trouvée, en 1864, par moi-même, à 900 mètres du *tumulus* de la *Corne,* sur le vieux chemin de *la Vauchelle,* conduisant jadis de Caudebec à Yvetot.

Hachette polie, fortement bi-convexe, teinte grise, cassée à la partie supérieure ; recueillie en 1867 dans la métairie du Castel des vicomtes de Maulévrier.

Une autre hache en pierre polie, rencontrée dans l'ancienne côte de Maulévrier, par M. Vacossin, voyer du canton de Caudebec.

VILLEQUIER. — *Bébec* (du celtique Buebec, Buibec).
Hache en silex jaune bistre, bi-convexe, épaisse, unie partout, à polissage parfait ; brisure au sommet.

Hachette en silex gris, tacheté de rouille, surface convexe polie ; côté opposé légèrement concave, à peine dégrossi, ébauché, à arêtes vives ; éclats sur divers endroits de l'instrument.

N.-B. — Au Coudreau, hameau de Bébec, se voient sur un espace de 1500 mètres, de l'Est à l'Ouest, 10 fosses en cône renversé, décrites par notre ami et collègue M. Drianchon, archéologue au Valasse. M. Drianchon a fait dresser le plan par M. Delarue, voyer à Lillebonne. Deux des excavations circulaires, en partie nivelées par la culture, se distinguent cependant à l'Est ; les huit autres, variables de dimensions, parmi lesquelles on remarque la fosse *Bardine,* affectent une convexité, tournée vers Villequier.

La fosse *Bardine,* dont la circonférence mesure 84 mètres sur une profondeur de 12 mètres, a fourni au fermier, M. Barbet fils, « des ferrailles et une moitié de meule à broyer le grain. »

(Voyez en supplément, le *Bulletin de la Commission des Antiquités de la Seine-Inférieure,* tome Ier, p. 206).

Nous l'avons relaté, une hachette en bronze a été recueillie au Calidu en 1831. — M. Arthur de Caumont, propriétaire à Caudebec, possède aussi deux haches en bronze également ramassées au Calidu, mais antérieurement.

Pour ce qui concerne les armes ou ustensiles en pierre, le Calidu, comme les stations de Caillouville et des Caillettes, appartient à la période néolithique ; pas un seul vestige de l'époque dite archéolithique n'y a été jusqu'ici constaté.

Le registre manuscrit des *Acquisitions* du musée de Rouen, dressé et signé par M. Deville, signale, en Avril 1840, page 78, deux médailles gauloises en or découvertes à Caudebec, l'une fruste à l'avers, et présentant toutes les deux au revers le type du cheval en course. Le cahier des acquisitions cite pour l'exercice 1835, page 6, divers objets trouvés près de Caudebec, savoir : une hachette en bronze, une autre hachette plus petite ; un coin en serpentine ; une médaille celtique en électrum ; neuf médailles gauloises en bronze ; (Page 39, 9 Juin 1837, on a recueilli au Grand-Andelys 13 ATEVLA quinaires qui ont une analogie frappante de parenté avec les CALEDV ramassées, en nombre, à Limezy et Cailly (arrondissement de Rouen).

La page 103 du 2mo registre manuscrit, Janvier 1840, rapporte que M. Delalonde, à Caudebec, avait donné une statuette gauloise (?) en fer découverte dans la rivière (l'Ambion ?) Cette statuette avait dix centimètres de hauteur et offrait un torse grossièrement exécuté, avec des bras mutilés et une tête informe et barbue. M. Deville en a conservé le souvenir par un dessin sur ledit manuscrit intitulé : *Dons faits au musée;* et ce savant renvoie à l'ouvrage de Montfaucon *l'Antiquité expliquée,* tome 3, première partie, page, 87, planche 1, figure 4.

Vers 1850, j'ai vu aux mains de M. Delalonde, deux médailles en argent avec l'épigraphe CALEDV. Elles ont été, depuis, offertes au musée de Rouen, m'a-t-on affirmé.

M. Lesage, de Caudebec, dont le nom figure avec honneur au nouveau catalogue de M. Cochet, a donné pareillement des médailles à cette épigraphe. M. Lesage les avait colligées au *Calidu*. M. Deville, page 43 de son Répertoire des *Dons* faits au Dépôt départemental d'Antiquités, notifie en tête : « *Beaucoup de Médailles, qui étaient en double et qu'on n'a pas cru devoir refuser, ont servi à des échanges dans l'intérêt de la collection.* »

Mon but étant de rassembler dans ce travail préparatoire une série de faits pouvant servir de documents à l'histoire du Caudebec celtique, je n'ai pas à entrer dans la discussion touchant l'origine des monnaies à inscriptions dites grecques, attribuées par quelques numismates aux *Celtes-Eduens*. Pour cela, je voudrais avoir complété les circonstances de la découverte de plusieurs de ces monnaies dans nos parages. Il faut laisser à l'avenir le soin de la question, qui sera mieux connue par des faits nouveaux et géographiquement constatés. Mes modestes efforts ont rencontré des bases plus solides lorsque j'ai signalé les découvertes sur notre territoire des Calètes et dans le Vexin Normand des médailles CALEDV, et j'espère avoir contribué par là au revirement d'idées qui se produit au sujet de ces dernières, à propos desquelles il est bon de consulter l'*Art Gaulois*, de M. Eug. Hucher, et les fascicules du même auteur sur le Congrès du Mans.

Une seule des monnaies, avec l'inscription que nous traduisons ΚΑΛΕΤΕΔΟΥ, a été rencontrée dans notre rayon, mais non au *Calidu*, tandis que le type CALEDV n'y est pas excessivement rare.

J'espère que ces notes éveilleront l'attention d'autres chercheurs, et la comparaison des diverses antiquités que j'ai énumérées me permettra de rédiger plus tard une étude d'ensemble plus complète et une dissertation sur les souvenirs qui se rattachent à l'antique cité des Calètes.

CAUDEBEC-EN-CAUX. — Au mois de Mars dernier, pendant l'impression de ce travail, un défrichement accidentellement effectué dans le clos *Calidois, Calidu,* (clos désigné sous cette appellation dans l'acte de donation sur parchemin conservé aux archives départementales, délivré en 1620 par le roi Louis XIII aux Capucins de Caudebec-en-Caux) a mis au jour un squelette d'homme jeune et de moyenne stature.

Le corps gisait dans le décubitus dorsal, la tête orientée à l'Est et les pieds à l'Ouest, sur un lit de craie marneuse à la déclivité des *buttes,* ainsi nommée de toute antiquité et située au *Calidu,* à la crête de la falaise Sud dominant la Seine.

Ce squelette portait au tibia gauche un anneau uni, en bronze, de 0,25 centimètres de contour extérieurement, de 21 centimètres intérieurement et de 8 millimètres d'épaisseur. Une fente ménagée sur le cercle permet de l'élargir, à moins, peut-être, qu'elle résulte d'une brisure occurrente ?

Au voisinage, on a recueilli une fibule également en bronze de 2 centimètres de diamètre, ornementée d'un pastillage globuleux à l'avers et munie d'un ardillon d'attache au revers.

Il n'existait ni cercueil, ni vestiges d'armes ou de céramique auprès du corps, lequel était recouvert de 2 mètres environ de terre mélangée de calcaire.

L'anneau et la fibule soumis à l'appréciation de M. l'abbé Cochet sont reconnus comme *Gaulois.*

Durant le trimestre, on a trouvé dans le jardin de la métairie dite *Camp du Roi,* assise au pied du Calidu, un as de Antonin-le-Pieux. Une autre pièce, de même effigie quoique moins bien accusée, a été aussi ramassée au Calidu vers Ste-Gertrude.

9 782012 924444